やさしいことばで
日本国憲法

新訳条文 + 英文憲法 + 憲法全文

池田香代子 訳　C.ダグラス・ラミス 監修・解説

Contents もくじ

4 憲法の夢の子どもたち

日本国憲法 新訳条文 池田香代子 訳
+ 英文憲法 + 憲法 正文

- **6** 前文
- **26** 第1章　天皇　第1条
- **28** 第2章　戦争の放棄　第9条
- **32** 第3章　人びとの権利と義務
- **56** 第9章　憲法を変えるには
- **58** 第10章　最高の法

63 解説　憲法のことばをほどいてみると…　C. ダグラス・ラミス

74 あとがき　池田香代子

77 付録　日本国憲法（全文）+ 英文日本国憲法

憲法の夢の子どもたち

　憲法を新たに訳すことになった、ひとつめのきっかけは、お年をめした読者からのメールでした。そこには、『世界がもし100人の村だったら』を「憲法」のとなりに置いておきたい、とありました。

　ふたつめのきっかけは、「イマジン」(ジョン・レノン)でした。この歌は、『100人の村』を音楽で表現したCDに収録されました。わたしはその詞を訳したのですが、それを読んだ若い友だちが、憲法がこんな訳だったらいいな、と言ったのです。

　憲法の誕生に立ち会った方と、憲法のもとに生まれ育った方が、21世紀の初めといういまこのとき、『100人の村』と「イマジン」のむこうに憲法を見た——わたしはただならぬ胸さわぎを覚えました。そして、この国の憲法は、日本人とアメリカ人が知恵を出しあい、力をあわせてつくった、そのときの共通言語は英語だった、だから英語で書かれた憲法が存在するのだ、とあらためて気づきました。

　それを指して、だからこの憲法は日本のわたしたちがつくったものではない、と考える人びとのことは理解できます。けれど、このたび憲法を読み直して、そういういきさつはこの憲法の真価をそぐものなのだろうか、と疑問に思いました。

　いまわたしにわかるのは、この憲法が高らかにうたっているのは、戦争という未曾有の惨事に傷ついた人びとが、命の犠牲を払わされた人びとの願いはこうもあろうかと、万感の思いをこめて未来へと託した夢だ、ということです。

　夢をみた人の国籍を問いますか？　それよりも、この夢を託されたのはわたしたちだということ、わたしたちは夢の子どもなのだということのほうが、わたしにはこよなく貴重に思えます。

　わたしたち夢の子どもは、いまなにをすべきでしょうか。まっさらの目で読み直した憲法は、たくさんのヒントをあたえてくれると信じます。

　　　　　　　　　　　　　　　　　　　　　　　　　　　　　　　池田香代子

日本国憲法 新訳条文
池田香代子 訳

＋

英文日本国憲法

＋

日本国憲法 正文

正文：現行日本国憲法のことで、数字は算用数字に統一し、歴史的かなづかいのまま
掲載しました。3章以降の正文は巻末の付録をごらんください。
英文日本国憲法：憲法公布と同時に発表されたもの。現在は『模範六法』等に掲載さ
れている。くわしくは「解説」をごらんください。英単語の訳注は『新英和中辞典』
『リーダーズ英和中辞典』（いずれも研究社）などを参考に編集部で作成しました。

前文

日本のわたしたちは、
正しい方法でえらばれた国会議員をつうじ、
わたしたちと子孫(しそん)のために、
かたく心に決めました。
すべての国ぐにと平和に力をあわせ、
その成果を手にいれよう、
自由の恵みを、この国にくまなくいきわたらせよう、
政府がひきおこす恐ろしい戦争に
二度とさらされないようにしよう、と。
わたしたちは、
主権(しゅけん)は人びとのものだと高らかに宣言し、
この憲法をさだめます。

〈正文〉
日本国民は、正当に選挙された国会における代表者を通じて行動し、
われらとわれらの子孫のために、諸国民との協和による成果と、
わが国全土にわたつて自由のもたらす恵沢を確保し、
政府の行為によつて再び戦争の惨禍が起ることのないやうにすることを決意し、
ここに主権が国民に存することを宣言し、この憲法を確定する。

We, the Japanese people,
acting through our duly elected representatives
in the National Diet,
determined that we shall secure for
ourselves and our posterity
the fruits of peaceful cooperation
with all nations and
the blessings of liberty throughout this land, and
resolved that never again shall we
be visited with the horrors of war
through the action of government,
do proclaim that sovereign power resides
with the people and
do firmly establish this Constitution.

representative 名代表者
Diet 名国会
determine 動決意する
secure 動守る
posterity 名子孫

blessing 名恩恵
resolve 動決意する
government 名政府、統治
proclaim 動宣言する
sovereign 形主権を有する、最上の
constitution 名憲法、構成

国政とは、その国の人びとの信頼を
なによりも重くうけとめてなされるものです。
その権威(けんい)のみなもとは、人びとです。
その権限(けんげん)をふるうのは、人びとの代表です。
そこから利益をうけるのは、人びとです。

〈正文〉
そもそも国政は、国民の厳粛な信託によるものであつて、
その権威は国民に由来し、
その権力は国民の代表者がこれを行使し、
その福利は国民がこれを享受する。

Government is a sacred trust
of the people,
the authority for which is derived
from the people,
the powers of which are exercised
by the representatives of the people, and
the benefits of which are enjoyed
by the people.

sacred 形 神聖な
trust 名 信頼、信託
authority 名 権威
derive 動 〜に起源を持つ
exercise 動 用いる
benefit 名 利益

これは、人類に共通するおおもとの考え方で、
この憲法は、この考え方をふまえています。
わたしたちは、
この考え方とはあいいれないいっさいの
憲法や、法令や、詔勅をうけいれません。
そういうものにしたがう義務はありません。

〈正文〉
これは人類普遍の原理であり、
この憲法は、かかる原理に基くものである。
われらは、これに反する一切の憲法、
法令及び詔勅を排除する。

This is a universal principle of mankind
upon which this Constitution is founded.
We reject and revoke
all constitutions, laws, ordinances,
and rescripts in conflict herewith.

universal 形 普遍的な
principle 名 原理
found 動 〜に基づいて作る
reject 動 拒否する
revoke 動 無効にする
ordinance 名 法令
rescript 名 勅令
conflict 名 矛盾

日本のわたしたちは、
平和がいつまでもつづくことを強く望みます。
人と人との関係にはたらくべき気高い理想を
深く心にきざみます。
わたしたちは、
世界の、平和を愛する人びとは、
公正で誠実だと信頼することにします。
そして、そうすることにより、
わたしたちの安全と命をまもろうと決意しました。

〈正文〉
日本国民は、恒久の平和を念願し、
人間相互の関係を支配する崇高な理想を深く自覚するのであつて、
平和を愛する諸国民の公正と信義に信頼して、
われらの安全と生存を保持しようと決意した。

We, the Japanese people,
desire peace for all time and
are deeply conscious of the high ideals
controlling human relationship, and
we have determined to preserve
our security and existence,
trusting in the justice and faith
of the peace-loving peoples
of the world.

desire 動 切望する
control 動 制御する
relationship 名 関係
determine 動 決心する
preserve 動 保つ
security 名 安全
existence 名 生存、存在
trust 動 信頼する

わたしたちは、
平和をまもろうとつとめる国際社会、
この世界から、圧政や隷属、抑圧や不寛容を
永久になくそうとつとめる国際社会で、
尊敬されるわたしたちになりたいと思います。

〈正文〉
われらは、平和を維持し、専制と隷従、
圧迫と偏狭を地上から永遠に除去しようと
努めてゐる国際社会において、
名誉ある地位を占めたいと思ふ。

We desire to occupy an honored place
in an international society
striving for the preservation of peace, and
the banishment of tyranny and slavery,
oppression and intolerance
for all time from the earth.

honored 形 名誉な
strive 動 努力する
preservation 名 維持
banishment 名 除去
tyranny 名 専制
slavery 名 隷属すること
oppression 名 圧迫
intolerance 名 不寛容

**わたしたちは、確認します。
世界のすべての人びとには、
恐怖や貧しさからまぬがれて、
平和に生きる権利(けんり)があることを。**

〈正文〉
われらは、全世界の国民が、
ひとしく恐怖と欠乏から免かれ、
平和のうちに生存する権利を有することを確認する。

**We recognize that
all peoples of the world
have the right to live in peace,
free from fear and want.**

recognize 動 確認する
fear 名 怖れ
want 名 欠乏、貧困

わたしたちは、信じます。
自分の国さえよければいいのではなく、
どんな国も、政治のモラルをまもるべきだ、と。
そして、このモラルにしたがうことは、
独立した国であろうとし、
独立した国として
ほかの国ぐにとつきあおうとする、
すべての国のつとめだ、と。

〈正文〉
われらは、いづれの国家も、
自国のことのみに専念して他国を無視してはならないのであつて、
政治道徳の法則は、普遍的なものであり、
この法則に従ふことは、自国の主権を維持し、
他国と対等関係に立たうとする各国の責務であると信ずる。

**We believe
that no nation is responsible to itself alone,
but that laws of political morality are universal;
and that obedience to such laws is incumbent
upon all nations who
would sustain their own sovereignty and
justify their sovereign relationship
with other nations.**

law 名 (守るべき) おきて、法
responsible 形 〜に責任があって
universal 形 普遍的な
obedience 名 服従
incumbent 形 義務としてある
sustain 動 維持する
justify 動 正しいとする
sovereignty 名 主権、独立国

日本のわたしたちは、誓(ちか)います。
わたしたちの国の名誉(めいよ)にかけて、
この気高い理想と目的を実現するために、
あらゆる力をかたむけることを。

〈正文〉
日本国民は、国家の名誉にかけ、
全力をあげてこの崇高な理想と目的を達成することを誓ふ。

We, the Japanese people,
pledge our national honor to accomplish
these high ideals and purposes
with all our resources.

pledge 動 誓約する
ideal 名 理想
purpose 名 目的
resource 名 力、力量

第1章　天皇

第1条

天皇はこの国の象徴(しょうちょう)、
人びとのまとまりの象徴です。
天皇の地位は、
主権者である人びとの意志によります。

〈正文〉
天皇は、日本国の象徴であり日本国民統合の象徴であつて、
この地位は、主権の存する日本国民の総意に基く。

CHAPTER I. THE EMPEROR

Article 1.

The Emperor shall be the symbol of the State
and of the unity of the people,
deriving his position
from the will of the people
with whom resides sovereign power.

state 名 [the S-] 国家
unity 名 統一
derive 動 〜に起源を持つ
will 名 意志
position 名 地位
reside 動 〜に存する
sovereign 形 主権を有する

第2章　戦争の放棄

第9条

わたしたちは、心からもとめます。
世界じゅうの国が、
正義と秩序(ちつじょ)をもとにした、
平和な関係になることを。
そのため、日本のわたしたちは、
戦争という国家の特別な権利を放棄(ほうき)します。
国と国との争いを解決するために、
武力で脅(おど)したり、それを使ったりしません。
これからは、ずっと。

〈正文〉
1）日本国民は、正義と秩序を基調とする国際平和を誠実に希求し、
国権の発動たる戦争と、武力による威嚇又は武力の行使は、
国際紛争を解決する手段としては、永久にこれを放棄する。

CHAPTER II RENUNCIATION OF WAR

Article 9.

Aspiring sincerely to an international peace
based on justice and order,
the Japanese people forever renounce war
as a sovereign right of the nation and
the threat or use of force
as means of settling international disputes.

aspire 動 熱望する
justice 名 公正、正義
order 名 秩序
renounce 動 放棄する
threat 名 脅し
force 名 暴力、軍隊
settle 動 解決する
dispute 名 紛争

この目的をまっとうするために、
陸軍、海軍、空軍そのほかの、
戦争で人を殺すための武器と、
そのために訓練された人びとの組織を
けっして持ちません。
戦争で人を殺すのは罪ではないという特権を
国にみとめません。

〈正文〉
2）前項の目的を達するため、
陸海空軍その他の戦力は、これを保持しない。
国の交戦権は、これを認めない。

In order to accomplish the aim of
the preceding paragraph,
land, sea, and air forces,
as well as other war potential,
will never be maintained.
The right of belligerency of the state
will not be recognized.

aim 名 目的
preceding 形 上記の
potential 名 潜在力
belligerency 名 交戦国であること
recognize 動 認める

第3章　人びとの権利と義務

第10条
どういう人が日本の国民かは、
法律がさだめます。

第11条
人びとの、すべての基本的人権は、
さまたげられてはなりません。
この憲法に保障された基本的人権は、
今と未来の人びとに贈られた、
永久の、侵してはならない権利です。

第12条
この憲法は、人びとに自由と権利を保障します。
自由と権利は、
それらをみだりにふりかざすことをつつしむ人びとが、
つねに努力して維持していきます。
いつも社会全体の利益を考えながら、
自由や権利をもちいることは、人びとの義務です。

〈正文〉はP.84以降をごらんください。

CHAPTER III. RIGHTS AND DUTIES OF THE PEOPLE

Article 10.
The conditions necessary for being a Japanese national shall be determined by law.

Article 11.
The people shall not be prevented from enjoying any of the fundamental human rights. These fundamental human rights guaranteed to the people by this Constitution shall be conferred upon the people of this and future generations as eternal and inviolate rights.

Article 12.
The freedoms and rights guaranteed to the people by this Constitution shall be maintained by the constant endeavor of the people, who shall refrain from any abuse of these freedoms and rights and shall always be responsible for utilizing them for the public welfare.

condition 名 条件
prevent 動 ～を妨げる
fundamental 形 基本的な
right 名 権利
guarantee 動 保証する
confer 動 授与する

eternal 形 永遠の
inviolate 形 犯されていない
endeavor 名 努力
abuse 名 乱用
welfare 名 福祉

第13条

すべての人びとは、個人として尊重(そんちょう)されます。
法律をつくったり、政策(せいさく)をおこなうときには、
社会全体の利益をそこなわないかぎり、
生きる権利、自由である権利、
幸せを追いもとめる権利が、
まっさきに尊重されなければなりません。

Article 13.

All of the people shall be respected as individuals. Their right to life, liberty, and the pursuit of happiness shall, to the extent that it does not interfere with the public welfare, be the supreme consideration in legislation and in other governmental affairs.

individual 名 個人
extent 名 限度
interfere 動 妨げる
supreme 形 最高の
consideration 名 考慮すべき事柄
legislation 名 法律制定

第14条

すべての人びとは、法のもとに平等です。
政治や、経済や、社会のさまざまな分野で、
人種や、信仰や、性別や、境遇や、家柄を理由に、
差別してはなりません。
華族や貴族階級はみとめません。
栄誉賞や勲章などに、特権はありません。
そうした賞は、
それをうける本人の一代かぎりのものです。

Article 14.

All of the people are equal under the law and there shall be no discrimination in political, economic or social relations because of race, creed, sex, social status or family origin. Peers and peerage shall not be recognized. No privilege shall accompany any award of honor, decoration or any distinction,
nor shall any such award be valid beyond the lifetime of the individual who now holds or hereafter may receive it.

equal 形 平等な
discrimination 名 差別
creed 名 信仰
origin 名 出身
privilege 名 特権
accompany 動 (もの) に付随する
distinction 名 栄誉

第15条
自治体の議員や長などをえらんだり、
やめさせたりするのは、人びとの権利です。
これらの公務員はすべて、共同体全体の奉仕者であって、
一部の人びとの奉仕者ではありません。
公務員は、おとなが普通選挙でえらびます。
選挙では、投票の秘密がまもられます。
だれに投票しても、公的にも私的にも、責任を問われません。

第16条
損失を埋めあわさせることや、公務員をやめさせることや、
法律や制令や条例などをつくったり、なくしたり、
変えたりすることを提案する権利は、
すべての人のものです。
そのような提案は、だれにでもできます。

第17条
公務員が法律に反することをしたために
被害をこうむった人は、
法律のさだめにしたがって、
国やおおやけの組織に、
損失の埋めあわせの訴えをおこすことができます。

Article 15.

The people have the inalienable right to choose
their public officials and to dismiss them.
All public officials are servants of the whole community
and not of any group thereof.
Universal adult suffrage is guaranteed with
regard to the election of public officials.
In all elections, secrecy of the ballot shall not be violated.
A voter shall not be answerable, publicly or privately,
for the choice he has made.

Article 16.

Every person shall have the right of peaceful petition for
the redress of damage, for the removal of public officials,
for the enactment, repeal or amendment of laws,
ordinances or regulations and for other matters;
nor shall any person be in any way discriminated against
for sponsoring such a petition.

Article 17.

Every person may sue for redress as provided by law
from the State or a public entity, in case he has suffered
damage through illegal act of any public official.

---

inalienable 形 奪うことができない
dismiss 動 解雇する
suffrage 名 投票
ballot 名 投票

voter 名 投票者
petition 名 請願
redress 名 補償
enactment 名 (法の) 制定

repeal 名 (法の) 廃止
amendment 名 改正
sue 動 訴える
suffer 動 (苦痛などを) 経験する

第18条
だれも、どんなかたちでも、
隷属させられることはありません。
犯罪への処罰をのぞいて、強制労働を禁じます。

第19条
思想と良心の自由を侵してはなりません。

第20条
すべての人は、なにを信仰しても自由です。
宗教組織は、国から特権をあたえられたり、
政治に威力をおよぼしたりしてはなりません。
だれも、宗教にかかわる行動や、儀式や、典礼や、行事に
むりやり参加させられることはありません。
国と国の機関は、宗教教育そのほかの、
宗教にかかわることをしてはなりません。

Article 18.
No person shall be held in bondage of any kind.
Involuntary servitude, except as punishment for crime,
is prohibited.

Article 19.
Freedom of thought and conscience shall
not be violated.

Article 20.
Freedom of religion is guaranteed to all.
No religious organization shall receive any privileges
from the State, nor exercise any political authority.
No person shall be compelled to take part in
any religious act, celebration, rite or practice.
The State and its organs shall refrain from
religious education or any other religious activity.

held＜hold 動 保持する
bondage 名 束縛
involuntary 形 不本意の
servitude 名 強制労働
thought 名 思想
conscience 名 良心
violate 動 侵す
organization 名 組織
compel 動 無理に〜させる
organ 名 機関、器官

第21条
集会をひらいたり、団体をつくったりするのは、自由です。
考えを述べ、出版などのあらゆる方法で発表するのは、
自由です。
検閲(けんえつ)をしてはなりません。
通信の秘密を侵してはなりません。

第22条
だれでも、社会全体の利益とおりあうかぎり、
住むところや仕事を自由にえらんだり、変えたりできます。
だれでも、自由に外国に移り住んだり、
国籍(こくせき)をはなれたりできます。

第23条
なにをどのように研究するかは、自由です。

Article 21.
Freedom of assembly and association as well as speech, press and all other forms of expression are guaranteed. No censorship shall be maintained, nor shall the secrecy of any means of communication be violated.

Article 22.
Every person shall have freedom to choose and change his residence and to choose his occupation to the extent that it does not interfere with the public welfare.
Freedom of all persons to move to a foreign country and to divest themselves of their nationality shall be inviolate.

Article 23.
Academic freedom is guaranteed.

assembly 名集会
association 名協会
speech 名話、言論
press 名出版

expression 名表現
censorship 名検閲
communication 名通信、情報
residence 名居住

occupation 名職業
divest 動～を放棄する
academic 形学究的な

第24条

結婚は、当事者が同意すれば、
それだけで成立します。
結婚とは、当事者どうしが
おなじ権利を持つことをふまえ、
たがいに力をあわせて維持していくものです。
結婚相手をえらぶことや、財産にまつわる権利や、
相続や、どこに住むかをえらぶことや、離婚など、
結婚と家族にまつわる法律は、
個人の尊厳と両性の真の平等をふまえて
つくられます。

Article 24.

Marriage shall be based only on the mutual consent of both sexes and it shall be maintained through mutual cooperation with the equal rights of husband and wife as a basis.
With regard to choice of spouse, property rights, inheritance, choice of domicile, divorce and other matters pertaining to marriage and the family, laws shall be enacted from the standpoint of individual dignity and the essential equality of the sexes.

mutual 形相互の
consent 名同意
spouse 名配偶者
property 名財産
inheritance 名相続（権）
domicile 名本居
divorce 名離婚
dignity 名尊厳
essential 形本質的

第25条
すくなくともこれだけは、というレベルの、
健康で文化的な生活をいとなむことは、
すべての人の権利です。
国は、
生活のあらゆる分野に、社会としての思いやりと、
安心と、すこやかさがいきわたり、
それらがますます充実するように、
努力しなければなりません。

第26条
能力にしたがって、ひとしく教育をうけることは、
すべての人びとの権利です。
自分が育てる子どもたちに、普通教育をうけさせることは、
すべての人びとの義務です。
この義務教育は無料です。
くわしいことは、法律でさだめます。

Article 25.

All people shall have the right to maintain
the minimum standards of wholesome and cultured living.
In all spheres of life, the State shall use its endeavors for
the promotion and extension of social welfare and
security, and of public health.

Article 26.

All people shall have the right to receive
an equal education correspondent to their ability,
as provided for by law.
All people shall be obligated to have all boys and girls
under their protection receive ordinary education as
provided for by law.
Such compulsory education shall be free.

wholesome 形 健全な
cultured 形 文化的な
sphere 名 分野
state 名 [the S-] 国家
endeavor 名 努力
welfare 名 福祉
security 名 保障
correspondent 形 対応する
ability 名 才能
protection 名 保護
compulsory 形 義務的な

第27条
働くことは、すべての人びとの権利であり、
義務でもあります。
賃金や労働時間や休憩など、労働条件は、
すべて法律によってさだめられます。

子どもを、本人ではないだれかのために働かせてはなりません。

第28条
働く人には、組合をつくったり、団体で交渉したり、
行動したりする権利があります。

第29条
財産を持ったり使ったりする権利を、侵してはなりません。
財産にまつわる権利は、社会全体の利益とおりあうように、
法律によってさだめられます。
社会全体が個人の財産を使うことがありますが、
そのばあいは、きちんと埋めあわせがなされます。

第30条
人びとには、法律にしたがって、税金を払う責任があります。

Article 27.
All people shall have the right and the obligation to work.
Standards for wages, hours, rest and
other working conditions shall be fixed by law.
Children shall not be exploited.

Article 28.
The right of workers to organize and to bargain and
act collectively is guaranteed.

Article 29.
The right to own or to hold property is inviolable.
Property rights shall be defined by law,
in conformity with the public welfare.
Private property may be taken for public use upon
just compensation therefor.

Article 30.
The people shall be liable to taxation as provided by law.

obligation 名義務
wage 名賃金
rest 名休息
exploit 動搾取する
bargain 動交渉によって決める
collectively 副集合的に

inviolable 形侵すことのできない
conformity 名順応
compensation 名補償
therefor 副そのために
liable 形(法律上)責任ある
taxation 名課税、税制

第31条
だれも、法律がさだめるきちんとした手続きなしに、
命や自由をうばわれたり、
そのほかの罰を科されたりしません。

第32条
裁判をうけることは、すべての人の権利です。

第33条
だれも、かかわった犯罪をはっきりと書いた令状がなければ、
逮捕されることはありません。
令状は、裁判官が発行します。
ただし、まさに犯罪がおこなわれているさいちゅうは、
別です。

第34条
だれも、すぐにどういう罪で逮捕されるのかを告げられず、
弁護人に相談する権利を保障されずに、
逮捕されたり、拘束されることはありません。
じゅうぶんな理由がないのに、拘束されることはありません。
逮捕や拘束の理由は、もとめられたら、
すぐに公開の法廷の、本人と弁護人のいるまえで、
しめされなければなりません。

Article 31.
No person shall be deprived of life or liberty, nor shall any other criminal penalty be imposed, except according to procedure established by law.

Article 32.
No person shall be denied the right of access to the courts.

Article 33.
No person shall be apprehended except upon warrant issued by a competent judicial officer which specifies the offense with which the person is charged, unless he is apprehended, the offense being committed.

Article 34.
No person shall be arrested or detained without being at once informed of the charges against him or without the immediate privilege of counsel; nor shall he be detained without adequate cause; and upon demand of any person such cause must be immediately shown in open court in his presence and the presence of his counsel.

deprive 動 〜を奪う
impose 動（罰金を）科する
procedure 名 手続き
establish 動（法律など）制定する
court 名 裁判所

apprehend 動 逮捕する
warrant 名 令状
competent 形 資格のある
judicial 形 司法の
specify 動 明記する

offense 名 罪、違反
arrest 動 逮捕する
detain 動 勾留する
counsel 名 弁護人

第35条

住まいにたちいられたり、
書類や持ち物を、調べられたり、取りあげられたりしないことは、
すべての人の権利です。
ただし、じゅうぶんな理由のもとに発行され、
調べる場所や、取りあげる物を
きちんと書いた令状があるばあいは、別です。
33条にさだめてあるばあいも、別です。

調べたり取りあげたりするには、それぞれべつの令状がいります。
令状は、裁判官が発行します。

第36条

公務員による拷問と、残酷な懲罰は、ぜったいに禁止します。

第37条

公平な裁判所で、すみやかな公開の裁判をうけることは、
すべての刑事事件の被告人の権利です。

被告人には、すべての証人を吟味する
じゅうぶんな機会があたえられます。
自分のかわりに国のお金で証人をえるための
手続きをもとめるのは、被告人の権利です。

どんなときでも、被告人には、
資格のある弁護人の助けがなければなりません。
もしも被告人が自分で弁護人をたのめないばあいは、
国が弁護人をつけなければなりません。

Article 35.

The right of all persons to be secure in their homes, papers and effects against entries, searches and seizures shall not be impaired except upon warrant issued for adequate cause and particularly describing the place to be searched and things to be seized,
or except as provided byArticle 33.
Each search or seizure shall be made upon separate warrant issued by a competent judicial officer.

Article 36.

The infliction of torture by any public officer and cruel punishments are absolutely forbidden.

Article 37.

In all criminal cases the accused shall enjoy the right to a speedy and public trial by an impartial tribunal.
He shall be permitted full opportunity to examine all witnesses, and he shall have the right of compulsory process for obtaining witnesses on his behalf at public expense.
At all times the accused shall have the assistance of competent counsel who shall, if the accused is unable to secure the same by his own efforts, be assigned to his use by the State.

---

effect 名 動産物件、持ち物
seizure 名 押収
impair 動 損なう
infliction 名（打撃、苦痛、罰を）加えること

torture 名 拷問
accuse 動 告発する
trial 名 裁判
tribunal 名 裁判所
witness 名 証人
expense 名 支出
assign 動 任命する

第38条
だれも、自分につごうの悪いことを
むりに言わせられてはなりません。

強(し)いられたり、拷問されたり、脅(おど)されたりして言ったことや、
長いあいだ逮捕されたり
拘束されたりしたあげくに言ったことは、
証拠(しょうこ)としてみとめてはなりません。

自分にとって不利な証拠が、本人の自白(じはく)しかないときは、
有罪とされたり、罰をうけたりすることが
あってはなりません。

第39条
それが行われたときには法にかなっていたり、
罪ではなかったことで、
刑事上の責任を問われることはありません。
ひとつの犯罪で2度、処罰してはなりません。

第40条
逮捕されたり拘束されたりしてから、
無罪ということになったら、
国にたいして埋めあわせをもとめる訴(うった)えを
おこすことができます。

Article 38.
No person shall be compelled to testify against himself.
Confession made under compulsion, torture or threat,
or after prolonged arrest or detention
shall not be admitted in evidence.
No person shall be convicted or punished in cases
where the only proof against him is his own confession.

Article 39.
No person shall be held criminally liable for an act
which was lawful at the time it was committed,
or of which he has been acquitted,
nor shall he be placed in double jeopardy.

Article 40.
Any person, in case he is acquitted after
he has been arrested or detained,
may sue the State for redress as provided by law.

compel 動 強いて〜させる
testify 動 証言する
confession 名 自白
evidence 名 証拠
acquit 動 無罪にする
jeopardy 名（有罪判決、刑罰の）危険

第9章　憲法を変えるには

第96条

この憲法を変えるための手続きは、
衆議院と参議院のすべての議員の3分の2以上が
賛成に投票したときに始まります。
それをうけて、改正案でいいかどうかが、
人びとに問われます。
そして、特別の国民投票か、
国会がさだめる投票で、
すべての投票数の半数以上が
賛成でなければなりません。

これでいいとされた改正条項は、
この憲法と一体をなすものとして、
天皇が、人びとにかわって、ただちに公布します。

CHAPTER IX. AMENDMENTS

Article 96.

Amendments to this Constitution shall be initiated by the Diet, through a concurring vote of two-thirds or more of all the members of each House and shall thereupon be submitted to the people for ratification, which shall require the affirmative vote of a majority of all votes cast thereon, at a special referendum or at such election as the Diet shall specify. Amendments when so ratified shall immediately be promulgated by the Emperor in the name of the people, as an integral part of this Constitution.

amendment 名 (法の) 改正
initiate 動 始める
concur 動 一致する
ratification 名 批准
affirmative 形 肯定的

cast 名 計算
referendum 名 国民投票
ratify 動 承認する
promulgate 動 (法令を) 発布する
integral 形 一体化した

第10章　最高の法

第97条

この憲法が日本の人びとに保障(ほしょう)する、
基本的な人権は、
人類が自由をもとめ、
長いあいだ戦ってえた成果です。
いくたびとなく、きびしい試練(しれん)をのりこえて、
ゆるぎないものであることを証(あか)された成果です。
この基本的な人権が、
永久に侵(おか)してはならないものとして、
今と未来の世代の人びとにゆだねられます。

CHAPTER X. SUPREME LAW

Article 97.

The fundamental human rights by
this Constitution guaranteed to the people
of Japan are fruits of the age-old struggle of
man to be free; they have survived
the many exacting tests for durability and
are conferred upon
this and future generations in trust,
to be held for all time inviolate.

fundamental 形 基本的な
struggle 名 闘争
survive 動 生き残る
durability 名 耐久性
confer 動 贈る
inviolate 形 神聖な

第98条
この憲法は、この国の最高の法です。
法律や、法令や、詔勅や、そのほか政府が決めたことは、
憲法の条項とあいいれなければ、
拘束力がなく、したがう義務はありません。
日本がむすぶ条約や、さだめられた国際法は、
誠実にまもられます。

第99条
天皇や摂政には、
この憲法を尊重し、支持する義務があります。
国務大臣には、この憲法を尊重し、支持する義務があります。
国会議員には、この憲法を尊重し、支持する義務があります。
裁判官には、この憲法を尊重し、支持する義務があります。
そのほかすべての公務員には、
この憲法を尊重し、支持する義務があります。

Article 98.

This Constitution shall be the supreme law of the nation and no law, ordinance, imperial rescript or other act of government, or part thereof, contrary to the provisions hereof, shall have legal force or validity. The treaties concluded by Japan and established laws of nations shall be faithfully observed.

Article 99.

The Emperor or the Regent as well as Ministers of State, members of the Diet, judges, and all other public officials have the obligation to respect and uphold this Constitution.

---

supreme 形 最高の
ordinance 名 条例
rescript 名 詔勅
thereof 副 それの
contrary 形 ～に反する
provision 名 条項
validity 名 (法律の)効力
treaty 名 条約
faithfully 副 忠実に
regent 名 摂政
minister 名 大臣
judge 名 裁判官
obligation 名 義務
uphold 動 支持する

英文憲法に関しては『日本国憲法をよむ』常岡（乗本）せつ子、C.ダグラス・ラミス、鶴見俊輔 共著（柏書房）、『英語で日本国憲法を読む』島村力 著（グラフ社）などを参考にしました。

analysis

解説

憲法のことばを
ほどいてみると…

C. ダグラス・ラミス

政治学者

日本語と英語の憲法は"双子"

　憲法の英語版を、「憲法英文」として載せている『六法』もあるが、多くの人は「憲法の英訳」だと思っているのではないだろうか。しかし、これは歴史的に見て正しくない。憲法の条文には、もともとGHQのスタッフによって書かれ、日本語に翻訳されたものが多い。といっても、日本語の憲法を和訳と呼ぶこともまた、正確ではない。英語からの翻訳作業中に書き直されたものも多く、初めに日本語で書かれ、英語に訳されたものもある。したがって、どちらもお互いにとって「翻訳」ではない。二つのテクストは「対話」の結果であり、同時に生まれた双子なのだ。

　これらは双子である。しかし同等ではない。日本語版だけが日本国憲法だ。日本語版が公に、そして国会で議論され、1946年に採択された。日本語版のみが拘束力を持つ法である。和英二つの版に違いが見つかったとしても、それは歴史的には興味深いが、法には影響しない。英語版に法的強制力はない。

　英語テクストを「新訳」することに、どんな意味があるのだろうか。憲法の「真意」を明らかにするためと考えるのは間違っているだろう。憲法の真意は日本語テクストにあり、そこに明確に表現されている。このような翻訳の意味は、憲法条項についての読者の思考をほぐすことにある。同じ言い方がくり返されると決まり文句になる傾向があるが、決まり文句はものを考える上で重大な障害物だ。同じ考えでも違うことばで表現されれば、新鮮さをとりもどし生き生きしてく

るし、読者がそのことばの意味をあらためて考える助けになりうる。

　しかし、実際のところ、この本は英語版憲法の新訳ではない。むしろ、日本語版英語版、双方をもとに、憲法をわかりやすいことばで書き直したものだ。哲学の分析方法に「ほどく」と呼ばれるものがある。ことばや概念が、包みやスーツケースのようなものだとすると、その中身を知るには、外側のラベルを読むという方法がある。他に、開けて中のものを全部取り出して見てみる、というのもある。後者なら、中に何が入っているか、より鮮やかに理解できるだろう。

新訳によって何が見えてくるのだろう？

　この本では、専門用語の多くが訳し直されただけではなく、同時に「ほどかれて」もいる。もちろん、完全にほどけない場合もあった。もし「戦力」という用語をほどき、そこに含まれているすべてを取り出して広げてみたら、武器、設備、技術、組織などで、電話帳のような厚さのリストになるだろう。逆に、「主権」とはどこか神秘的なことばで、中身をほどいてみないことで初めて力を持ちうる。ほどいてしまえば、中にあったもののほとんどは霧のようにあとかたもなく消え去る。「交戦権」は、わりと簡単にほどける。そして、人びとはそれがなんなのかを知って驚くことも多い。

　この「新訳」、あるいは「ほどき」によって、憲法からなにが見えてくるのか。まず、憲法には主語があり、それが一人称だということがはっきりわかる。英語版では前文、つまり

憲法の最初のことばは、「We」である。日本語版冒頭の語は、三人称の「日本国民」。「われら」ということばはそのセンテンスに出てはくるが、後のほうだ。この新訳では「日本のわたしたち」という表現が用いられている。これを最初のセンテンスの冒頭に置くことで、だれが日本国憲法の文法上の主体なのかが強調される。

　だれが憲法の主体なのか、というのはとても重要な問題だ。明治憲法では、主語は天皇であり、最初のことばは「朕」である。明治憲法は天皇の国民への命令の形をとっている（このため、当時、学者たちは、天皇には憲法にしたがう義務はないと言った。命令を下す者は自分の命令にしたがう必要はないのだ）。国民の権利が挙げられているところでも、それは自然権や政治的闘争で国民が獲得したものではなく、天皇からの贈り物とされている。

「日本のわたしたち」からの政府への命令

　これとは対照的に、日本国憲法は、「日本のわたしたち」からの政府への命令である。憲法は政府を「わたしたち」の命令下に置く。憲法には、政府が持つ権力、持たない権力、政府ができること、できないこと、がはっきり書かれている。そして、政府ができないこととは、ただ単に政府ができるかぎり避けるべきこと、ではない。政府は「わたしたち」が与えた以上の権限を持っていない。憲法が、政府はある権限を持たないと言う以上、政府は法的にそれができないのだ。もし、政府があえてそれをやったなら、法を犯したことになる。

日本国憲法の前文は「われらは、[憲法の原理]に反する一切の憲法、法令及び詔勅を排除する」と言う。これはもちろん、この憲法ができる前につくられた法律・法令だけでなく、憲法ができた後、政府や国会が憲法の与えた権限を越えてつくろうとする法律・法令をも指す。そして「排除」とは、その中身をほどいて見てみれば、「そういうものにしたがう義務は、ありません」という意味だ。

　しかし、「われら（わたしたち）」とはだれのことなのか。英語版では"the Japanese people"となっている。これは「日本人民」、「日本民衆」、あるいは「日本人」、「日本の人びと」と訳されうるだろう。憲法によると「われら」とは「日本国民」を意味する。しかし、やっかいな問題がある。英語にはその同義語がない「国民」ということばは、「国」という漢字を含み、政府をつくる人びとの集まりというより、政府によってつくられた一群の人びと、のように聞こえる。憲法第10条は「どういう人が日本の国民かは、法律がさだめます」と言っている。もし、国民であることの条件が第10条によってつくられるというのなら、第10条を含んだ憲法をつくる国民とはだれなのだろう。"the Japanese people"のほうが、法的な人びとのまとまりというより、歴史的な人びとのまとまりを表しているため、より適切なように思われる。この新訳で用いられる「日本のわたしたち」が、前文に躍動する主権在民の原則の意味をより鮮烈に引き出すことを、心から望む。

　前文の「国際社会」についての記述は、英語版にしても日本語版にしても、読み間違われやすいところだ。多くの人は

おそらくこの部分を次のような意味で読むだろう。国際社会は現に「平和を維持し、専制と隷従、圧迫と偏狭を地上から永遠に除去しようと努めて」おり、すでにそのようなものとして存在する国際社会で「われら」は「名誉ある地位を占めたい」のだ、と。しかし、これは憲法の読み誤まりであるだけでなく、どの新聞を見てもすぐにわかるように、憲法が書かれた当時、そして現在の「国際社会」の性質の読み間違いである。国際社会には、これらを目標に働く人びとや組織はあるが、それに反して行動するものたちもいる。憲法前文は、政府にそのような国際社会をつくるため懸命に努力することを命じているのだ。前文はそのような世界をつくろうと尽力している人びと（「世界の、平和を愛する人びと」）の側につく政策をとる国を描いている。この「平和外交」は自衛権の放棄ではなく、第9条とともに、自衛のための"戦略"なのだ。

第9条は読み間違われやすい

　第9条は、おそらく、これまでに存在したどの文書にもまして読み間違われてきた。言語的にはなにもむずかしいことはない。子どもでも理解できるようにわかりやすく書かれている。なのになぜ、これほど多くの政治家や法学者が理解できないのか。その理由は、彼らがそのことばを理解できないのではなく、ことばがそのことばのままを言っている、ということが信じられないからだと思う。

　もし第9条が、たとえば、郵政省は軍隊を持てないとか、

地方自治体には戦争をする権限はないなどと言っているのだとすれば、だれでもこの意味を理解するだろう。中央政府は軍隊を持てず、戦争をする権限がないと言っていることについても、理解はなにもむずかしくはないはずだ。このくだりを読み間違える人びとは、このことばにその意味するとおりのことを言ってほしくないか、このことばが意味することを言うのはそもそも不可能だと思っているか、のいずれかだ。だから、これは別のことを言っているのだと主張する。たとえば、「自衛の場合を除く」とか、「集団的自衛のみが許されていない」とか、「GNPの1％以上を防衛に費やすべきではない」とか。しかしもちろん、第9条にそんなことばは見あたらない。

　同様に、「戦力」という簡潔な表現をなかなか把握できない人も多い。先に書いたとおり、この用語の中身を完全にほどいて取り出すことは紙幅にあまるが、この語が意味するのは、戦争の武器（銃、ロケット、爆弾、戦車、装甲車、軍艦、戦闘機、爆撃機など）と戦闘でこのような武器や設備を使う訓練を受け、規律に服する人びとの組織である。

　うまく行けば、この「新訳」によってこれらの読み間違えがむずかしくなるだろう。同時に、第9条を、政府ができるだけしたがう努力をする、願いや理想や切望とする誤読をしにくくするだろう。第9条は願いではない。拘束力を持った実定法である。くり返すが、憲法とは命令であって、願望ではない。憲法は民衆が政府に与えた力、与えていない力を列挙するものだ。第9条は言う。いかなる戦争をする権限も、いかなる戦力をつくり、保持する権限も、民衆は政府に与え

ていない、と。簡単だ。

「交戦権」の正しい意味

　おそらく、第9条で唯一むずかしい専門用語は「交戦権」だろう。政府には、これを「侵略する権利」、あるいは「戦争をしかける権利」だと、わたしたちに信じさせたがっている人がいる。そうすれば、交戦権が認められなくても自衛権は残る。しかし、これはことばの意味と違う。「侵略する権利」などというものは存在しない。侵略は国連憲章で禁止され、ニュルンベルク国際裁判で戦争犯罪として定義された。交戦権とは、その中身をほどいて見てみると、「戦争で人を殺すのは罪ではないという特権」を意味する。交戦権で守られた軍人は、連続殺人犯として、裁判にかけられることなく、何百というおびただしい人びとを殺すことができる。これが戦争の法的基礎である。これなしに戦争は不可能だ。

　そして、この点で第9条がまだ（かろうじて）実定法として効力を持っている。というのは、日本の自衛隊には、今日まだ交戦権はない。自衛隊が平和維持活動や米軍の後方支援で海外に送られるときでさえ、法的には個人的防衛のためだけに武器を使うことが許されている。しかし、刑法第36条、第37条に規定された正当防衛権は、日本にいるすべての人に保障されている権利であり、交戦権とはまったく異なる。このように、たとえ自衛隊が政府によって交戦地帯に送られても（アフガニスタン侵略の際、海上自衛隊が米戦艦に給油するためにインド洋に送られたときのように）、彼らには

軍事行動に関わる法的権限はない。

　第9条に関する多くの「解釈改憲」にも関わらず、第9条はあるひとつのことを明確に達成している。それは、第9条ができてから半世紀以上、日本国家の交戦権の下でだれも殺されていない、ということだ。しかし、もし政府がアメリカの戦争支援目的に自衛隊派遣を続ければ、この記録はそう長くは続かないだろう。

基本的人権は民衆が政府に下した命令

　憲法で保障される基本的人権を列挙した多くの条項も、同様に、民衆が政府に下した命令と読まれるべきである。これは政府ができないことの長いリストだ。これらは、政府ができるだけ人権を侵害するべきではないというお願い事ではない。民衆が権限を与えていない以上、政府は人権を侵すことがまったくできない、ということを、これらの条項は謳っているのだ。おもしろいことに、民衆の義務について述べる条項（たとえば第12条）では、英語版では「ねばならない (must)」ではなく「する (shall)」という言葉が使われている。民衆の義務は命令ではなく、約束として書かれているのだ。民衆は自らに命令できない。

　第31条や第40条を読んだ多くの人は、これらは「わたしではなく、だれか別の人にだけ」適用されると考えるかもしれない。しかし、政府が人を逮捕し、投獄し、罰することができるという状況は、すべての人権のゆるがしがたい前提である。歴史的に、人権を求める闘いはここに始まった。そし

て今日でも、政府が独裁制になったり、戒厳令がしかれる場合、これらがまず最初に無視される人権である。理由を告げることなく投獄する、裁判なしに罰する、弁護の機会を与えずに審理する、証人に質問することを許さない、証拠なしに有罪判決を出す……このようなことを政府に禁じること、これが基本的人権のもっとも根本的なことである。そして、もし政府が有事法制案の可決に成功したら（この文章を書いている現在、政府は断固そうしようとしているようだが）、おそらく、これらの憲法条項の重要性はふつうの人びとにとってよりいっそう明らかになるだろう。

国民だけが憲法改正を可決できる

　第98条、第99条は必要ないように思われる。たぶん、憲法の執筆者たちは、ここまで読んだ後でも理解できない、あるいは、理解したがらない人を想定して、念のために書き入れたのだろう。第98条は前文で述べていることを繰り返し、この憲法に反する（あいいれない）いかなる法令その他は効力を有しない、と謳う。ここでもう一度、「効力を有しない」の中身をほどいて取り出してみれば、「拘束力がなく、したがう義務はありません」となる。第99条もすでに前文で宣言した原則を繰り返し、この憲法は政府による命令ではなく、政府に対する命令である、と述べる。これは当然、政府の公務員すべてに対する命令を意味し、そこに国会も含まれることは強調されるべきだ。国会は、望めばどんな法律でもつくれるわけではない。憲法が許した枠内で立法できるだけだ。

もし、国会が憲法違反の法律を通したら、その法律には拘束力がない（「したがう義務はありません」）。これは、憲法の条項は一切変えられないという意味ではない。改正手続きは第96条で規定されている。しかし、銘記すべき重要なことは、国会は憲法改正そのものはできず、ただその提案ができるだけということだ。ここに一貫しているのは、主権在民の原則であって、国民だけが憲法改正を可決できるのだ。もし、国会がじつは憲法改正であるようなもの（たとえば、基本的人権を制限する法案）を、国会の過半数による可決だけで成立する法案として通したなら、これは第98条に描かれている効力のない法案の見事な例となる。

　最後に、第12条についてひとこと触れておかなければならないだろう。現代日本の多くの若者は、政治活動をなにか不適切な社会的ふるまいのように感じている。しかし、それはこの憲法のとる立場ではない。第97条がはっきり述べているように、この憲法が保障する人権だけではなく、成文憲法そのものの可能性は、多くの世代の人びとが政治活動によって「戦いとった」ものだ。そして、第12条が明確に宣言するように、これらの権利は、現世代も含むすべての世代の不断の政治活動（「努力」の中身が意味するのは「政治活動」）によってのみ守られる。もし、人びとが政治活動をやめれば、人びとの権利はあっという間に消えてなくなるだろう。これが、政治活動を「不適切な社会的ふるまい」ではなく、人びとの義務として描く第12条の意味なのだ。

　　　　　　　　　　　　　　　　　　　（知念ウシ　訳）

あとがき

国が違うからといって、
人びとが殺しあういわれはない

池田香代子

　かつて、国とは王国のことでした。おおざっぱに言えば王の私有地みたいなもので、戦争とはその所有権争いのようなものです。そこで本気で命のやりとりをしたのは、王からじかに土地をまかされた封建貴族たちだけでした。ふつうの人びとは傭兵として参加したにすぎず、王の領土のために命をかけるなんて気はさらさらありませんでした。

　ふつうの人びとが命がけで守るべきとされたのは、そのあとに現れた近代国民国家です。なぜなら、そこでは人びとが、王に代わって主役に躍り出たからです。人びとによる戦いをとおして、近代国家は誕生しました。

　人びとは、内に向けては王と戦って自分たちの権利をひとつまたひとつと獲得しました。そして、王国から国民国家になった国は、その役割を180度変えて、人びとの権利の保障者としてふるまうべきだ、と人びとの側からきびしく言い渡されたのです。それを文章にしたものが憲法だ、といってもいいでしょう。日本の憲法も、人類が戦いとったこれらの権利を、普遍的な遺産として継承する、と誇らかに宣言しています。憲法と言うと聖徳太子のそれを連想し、上から与えられるもの、と考えがちですが、けっしてそうではないのです。

　そんな国民国家はここ1、2世紀、人びとの活力を引き出し、人類の進歩に大きく貢献しました。けれども、近代の国民国家にはそうした光の部分とともに、影の部分もあります。そのいちばん大きなものが戦争です。新しい共同体を獲得するための人びとの戦いは、内に向かっただけでなく、外にも向かいました。人びとは他の国の人びとと戦って、国民国家という新しい共同体を獲得しました。そうした歴史的ないきさつから、近代の国ぐには交戦権を固有の権利としました。さらには、それを盾とし

て、「国を守るため」にさまざまな戦争をしてきました。国民国家の近代は、人びとが本気で殺しあう戦争という新しい悲惨を生み出したのです。国がなければ戦争もない、という「イマジン」（ジョン・レノン）の一見素朴なりくつは、近代の国民国家の本質を衝いています。

　そこへ、交戦権を放棄する国がぽつりぽつりと現れはじめました。日本もそのひとつです。「国を守る」ための交戦権や軍隊は、使ったり持ったりしてみたら自国や他国の人びとを傷つけるものだった、ということへの深刻な反省を踏まえて、そのような選択をしたのです。

　自分が生まれたときのいきさつを、ずっと言い立てて人生の指針とするのか、生まれてから自分がしたことを踏まえて新たな人生を選択するのか、と問われれば、多くの人はもちろん後者だと言うでしょう。けれど多くの国は？　そして世界は？　大きすぎ、機構も利害関係も複雑すぎて身動きもままならず、慣性の法則にしばられて、よりよい未来を選択しそこなってはいないでしょうか。

　たしかに、交戦権を放棄した近代国民国家とは、矛盾した存在です。矛盾した存在として、日本はさまざまな試練や葛藤をさけられなかったし、これからもそうでしょう。けれど、日本のような国が矛盾した存在ではなくなる世界を、それこそがふつうの国である世界を、いまこそ夢みつづける義務が、日本のわたしたちにはありはしないでしょうか。

　国が違うからといって人びとが殺しあういわれなどない世界は、つい200年ちょっと前にはあったのです。だったら、わたしたちひとりひとりが夢をみつづける意志の向こうに、それは新しい姿でふたたび実現するのではないでしょうか。

full text

付録

日本国憲法
（全文）

＋

THE CONSTITUTION OF JAPAN
（英文日本国憲法）

（日本国憲法は算用数字に統一し、歴史的かなづかいのままとした）

日本国憲法

　朕は、日本国民の総意に基いて、新日本建設の礎が、定まるに至つたことを、深くよろこび、枢密顧問の諮詢及び帝国憲法第73条による帝国議会の議決を経た帝国憲法の改正を裁可し、ここにこれを公布せしめる。

　　御名御璽
　　昭和21年11月3日

内閣総理大臣兼 外務大臣		吉田　茂
国務大臣	男爵	幣原喜重郎
司法大臣		木村篤太郎
内務大臣		大村清一
文部大臣		田中耕太郎
農林大臣		和田博雄
国務大臣		斎藤隆夫
逓信大臣		一松定吉
商工大臣		星島二郎
厚生大臣		河合良成
国務大臣		植原悦二郎
運輸大臣		平塚常次郎
大蔵大臣		石橋湛山
国務大臣		金森徳次郎
国務大臣		膳　桂之助

THE CONSTITUTION OF JAPAN

I rejoice that the foundation for the construction of a new Japan has been laid according to the will of the Japanese people, and hereby sanction and promulgate the amendments of the Imperial Japanese Constitution effected following the consultation with the Privy Council and the decision of the Imperial Diet made in accordance with Article 73 of the said Constitution.

Signed : HIROHITO, Seal of the Emperor
This third day of the eleventh month of the twenty-first year of Showa (November 3, 1946)

Prime Minister and concurrently Minister for Foreign Affairs	YOSHIDA Shigeru
Minister of State	Baron SHIDEHARA Kijuro
Minister of Justice	KIMURA Tokutaro
Minister for Home Affairs	OMURA Seiichi
Minister of Education	TANAKA Kotaro
Minister of Agriculture and Forestry	WADA Hiroo
Minister of State	SAITO Takao
Minister of Communications	HITOTSUMATSU Sadayoshi
Minister of Commerce and Industry	HOSHIJIMA Niro
Minister of Welfare	KAWAI Yoshinari
Minister of State	UEHARA Etsujiro
Minister of Transportation	HIRATSUKA Tsunejiro
Minister of Finance	ISHIBASHI Tanzan
Minister of State	KANAMORI Tokujiro
Minister of State	ZEN Keinosuke

日本国憲法

　日本国民は、正当に選挙された国会における代表者を通じて行動し、われらとわれらの子孫のために、諸国民との協和による成果と、わが国全土にわたつて自由のもたらす恵沢を確保し、政府の行為によつて再び戦争の惨禍が起ることのないやうにすることを決意し、ここに主権が国民に存することを宣言し、この憲法を確定する。そもそも国政は、国民の厳粛な信託によるものであつて、その権威は国民に由来し、その権力は国民の代表者がこれを行使し、その福利は国民がこれを享受する。これは人類普遍の原理であり、この憲法は、かかる原理に基くものである。われらは、これに反する一切の憲法、法令及び詔勅を排除する。

　日本国民は、恒久の平和を念願し、人間相互の関係を支配する崇高な理想を深く自覚するのであつて、平和を愛する諸国民の公正と信義に信頼して、われらの安全と生存を保持しようと決意した。われらは、平和を維持し、専制と隷従、圧迫と偏狭を地上から永遠に除去しようと努めてゐる国際社会において、名誉ある地位を占めたいと思ふ。われらは、全世界の国民が、ひとしく恐怖と欠乏から免かれ、平和のうちに生存する権利を有することを確認する。

　われらは、いづれの国家も、自国のことのみに専念して他国を無視してはならないのであつて、政治道徳の法則は、普遍的なものであり、この法則に従ふことは、自国の主権を維持し、他国と対等関係に立たうとする各国の責務であると信ずる。

　日本国民は、国家の名誉にかけ、全力をあげてこの崇高な理想と目的を達成することを誓ふ。

THE CONSTITUTION OF JAPAN

We, the Japanese people, acting through our duly elected representatives in the National Diet, determined that we shall secure for ourselves and our posterity the fruits of peaceful cooperation with all nations and the blessings of liberty throughout this land, and resolved that never again shall we be visited with the horrors of war through the action of government, do proclaim that sovereign power resides with the people and do firmly establish this Constitution. Government is a sacred trust of the people, the authority for which is derived from the people, the powers of which are exercised by the representatives of the people, and the benefits of which are enjoyed by the people. This is a universal principle of mankind upon which this Constitution is founded. We reject and revoke all constitutions, laws, ordinances, and rescripts in conflict herewith.

We, the Japanese people, desire peace for all time and are deeply conscious of the high ideals controlling human relationship, and we have determined to preserve our security and existence, trusting in the justice and faith of the peace-loving peoples of the world. We desire to occupy an honored place in an international society striving for the preservation of peace, and the banishment of tyranny and slavery, oppression and intolerance for all time from the earth. We recognize that all peoples of the world have the right to live in peace, free from fear and want.

We believe that no nation is responsible to itself alone, but that laws of political morality are universal; and that obedience to such laws is incumbent upon all nations who would sustain their own sovereignty and justify their sovereign relationship with other nations.

We, the Japanese people, pledge our national honor to accomplish these high ideals and purposes with all our resources.

第1章　天皇

第1条　天皇は、日本国の象徴であり日本国民統合の象徴であつて、この地位は、主権の存する日本国民の総意に基く。

第2条　皇位は、世襲のものであつて、国会の議決した皇室典範の定めるところにより、これを継承する。

第3条　天皇の国事に関するすべての行為には、内閣の助言と承認を必要とし、内閣が、その責任を負ふ。

第4条　1）天皇は、この憲法の定める国事に関する行為のみを行ひ、国政に関する権能を有しない。

2）天皇は、法律の定めるところにより、その国事に関する行為を委任することができる。

第5条　皇室典範の定めるところにより摂政を置くときは、摂政は、天皇の名でその国事に関する行為を行ふ。この場合には、前条第1項の規定を準用する。

第6条　1）天皇は、国会の指名に基いて、内閣総理大臣を任命する。

2）天皇は、内閣の指名に基いて、最高裁判所の長たる裁判官を任命する。

第7条　天皇は、内閣の助言と承認により、国民のために、左の国事に関する行為を行ふ。

1　憲法改正、法律、政令及び条約を公布すること。
2　国会を召集すること。
3　衆議院を解散すること。
4　国会議員の総選挙の施行を公示すること。
5　国務大臣及び法律の定めるその他の官吏の任免並びに全権委任状及び大使及び公使の信任状を認証すること。
6　大赦、特赦、減刑、刑の執行の免除及び復権を認証すること。
7　栄典を授与すること。
8　批准書及び法律の定めるその他の外交文書を認証すること。
9　外国の大使及び公使を接受すること。

CHAPTER I. THE EMPEROR

Article 1. The Emperor shall be the symbol of the State and of the unity of the people, deriving his position from the will of the people with whom resides sovereign power.

Article 2. The Imperial Throne shall be dynastic and succeeded to in accordance with the Imperial House Law passed by the Diet.

Article 3. The advice and approval of the Cabinet shall be required for all acts of the Emperor in matters of state, and the Cabinet shall be responsible therefor.

Article 4. The Emperor shall perform only such acts in matters of state as are provided for in this Constitution and he shall not have powers related to government.

The Emperor may delegate the performance of his acts in matters of state as may be provided by law.

Article 5. When, in accordance with the Imperial House Law, a Regency is established, the Regent shall perform his acts in matters of state in the Emperor's name. In this case, paragraph one of the preceding article will be applicable.

Article 6. The Emperor shall appoint the Prime Minister as designated by the Diet.

The Emperor shall appoint the Chief Judge of the Supreme Court as designated by the Cabinet.

Article 7. The Emperor, with the advice and approval of the Cabinet, shall perform the following acts in matters of state on behalf of the people:

Promulgation of amendments of the constitution, laws, cabinet orders and treaties.

Convocation of the Diet.

Dissolution of the House of Representatives.

Proclamation of general election of members of the Diet.

Attestation of the appointment and dismissal of Ministers of State and other officials as provided for by law, and of full powers and credentials of Ambassadors and Ministers.

Attestation of general and special amnesty, commutation of punishment, reprieve, and restoration of rights.

Awarding of honors.

Attestation of instruments of ratification and other diplomatic documents as provided for by law.

Receiving foreign ambassadors and ministers.

10　儀式を行ふこと。
第8条　皇室に財産を譲り渡し、又は皇室が、財産を譲り受け、若しくは賜与することは、国会の議決に基かなければならない。

第2章　戦争の放棄

第9条　1）日本国民は、正義と秩序を基調とする国際平和を誠実に希求し、国権の発動たる戦争と、武力による威嚇又は武力の行使は、国際紛争を解決する手段としては、永久にこれを放棄する。
2）前項の目的を達するため、陸海空軍その他の戦力は、これを保持しない。国の交戦権は、これを認めない。

第3章　国民の権利及び義務

第10条　日本国民たる要件は、法律でこれを定める。
第11条　国民は、すべての基本的人権の享有を妨げられない。この憲法が国民に保障する基本的人権は、侵すことのできない永久の権利として、現在及び将来の国民に与へられる。
第12条　この憲法が国民に保障する自由及び権利は、国民の不断の努力によつて、これを保持しなければならない。又、国民は、これを濫用してはならないのであつて、常に公共の福祉のためにこれを利用する責任を負ふ。
第13条　すべて国民は、個人として尊重される。生命、自由及び幸福追求に対する国民の権利については、公共の福祉に反しない限り、立法その他の国政の上で、最大の尊重を必要とする。
第14条　1）すべて国民は、法の下に平等であつて、人種、信条、性別、社会的身分又は門地により、政治的、経済的又は社会的関係において、差別されない。
2）華族その他の貴族の制度は、これを認めない。
3）栄誉、勲章その他の栄典の授与は、いかなる特権も伴はない。

Performance of ceremonial functions.

Article 8. No property can be given to, or received by, the Imperial House, nor can any gifts be made therefrom, without the authorization of the Diet.

CHAPTER II. RENUNCIATION OF WAR

Article 9. Aspiring sincerely to an international peace based on justice and order, the Japanese people forever renounce war as a sovereign right of the nation and the threat or use of force as means of settling international disputes.

In order to accomplish the aim of the preceding paragraph, land, sea, and air forces, as well as other war potential, will never be maintained. The right of belligerency of the state will not be recognized.

CHAPTER III. RIGHTS AND DUTIES OF THE PEOPLE

Article 10. The conditions necessary for being a Japanese national shall be determined by law.

Article 11. The people shall not be prevented from enjoying any of the fundamental human rights. These fundamental human rights guaranteed to the people by this Constitution shall be conferred upon the people of this and future generations as eternal and inviolate rights.

Article 12. The freedoms and rights guaranteed to the people by this Constitution shall be maintained by the constant endeavor of the people, who shall refrain from any abuse of these freedoms and rights and shall always be responsible for utilizing them for the public welfare.

Article 13. All of the people shall be respected as individuals. Their right to life, liberty, and the pursuit of happiness shall, to the extent that it does not interfere with the public welfare, be the supreme consideration in legislation and in other governmental affairs.

Article 14. All of the people are equal under the law and there shall be no discrimination in political, economic or social relations because of race, creed, sex, social status or family origin.

Peers and peerage shall not be recognized.

No privilege shall accompany any award of honor, decoration

栄典の授与は、現にこれを有し、又は将来これを受ける者の一代に限り、その効力を有する。

第15条　1）公務員を選定し、及びこれを罷免することは、国民固有の権利である。

2）すべて公務員は、全体の奉仕者であつて、一部の奉仕者ではない。

3）公務員の選挙については、成年者による普通選挙を保障する。

4）すべて選挙における投票の秘密は、これを侵してはならない。選挙人は、その選択に関し公的にも私的にも責任を問はれない。

第16条　何人も、損害の救済、公務員の罷免、法律、命令又は規則の制定、廃止又は改正その他の事項に関し、平穏に請願する権利を有し、何人も、かかる請願をしたためにいかなる差別待遇も受けない。

第17条　何人も、公務員の不法行為により、損害を受けたときは、法律の定めるところにより、国又は公共団体に、その賠償を求めることができる。

第18条　何人も、いかなる奴隷的拘束も受けない。又、犯罪に因る処罰の場合を除いては、その意に反する苦役に服させられない。

第19条　思想及び良心の自由は、これを侵してはならない。

第20条　1）信教の自由は、何人に対してもこれを保障する。いかなる宗教団体も、国から特権を受け、又は政治上の権力を行使してはならない。

2）何人も、宗教上の行為、祝典、儀式又は行事に参加することを強制されない。

3）国及びその機関は、宗教教育その他いかなる宗教的活動もしてはならない。

第21条　1）集会、結社及び言論、出版その他一切の表現の自由は、これを保障する。

2）検閲は、これをしてはならない。通信の秘密は、これを侵してはならない。

第22条　1）何人も、公共の福祉に反しない限り、居住、移転及び職業選

or any distinction, nor shall any such award be valid beyond the lifetime of the individual who now holds or hereafter may receive it.

Article 15. The people have the inalienable right to choose their public officials and to dismiss them.

All public officials are servants of the whole community and not of any group thereof.

Universal adult suffrage is guaranteed with regard to the election of public officials.

In all elections, secrecy of the ballot shall not be violated. A voter shall not be answerable, publicly or privately, for the choice he has made.

Article 16. Every person shall have the right of peaceful petition for the redress of damage, for the removal of public officials, for the enactment, repeal or amendment of laws, ordinances or regulations and for other matters; nor shall any person be in any way discriminated against for sponsoring such a petition.

Article 17. Every person may sue for redress as provided by law from the State or a public entity, in case he has suffered damage through illegal act of any public official.

Article 18. No person shall be held in bondage of any kind. Involuntary servitude, except as punishment for crime, is prohibited.

Article 19. Freedom of thought and conscience shall not be violated.

Article 20. Freedom of religion is guaranteed to all. No religious organization shall receive any privileges from the State, nor exercise any political authority.

No person shall be compelled to take part in any religious act, celebration, rite or practice.

The State and its organs shall refrain from religious education or any other religious activity.

Article 21. Freedom of assembly and association as well as speech, press and all other forms of expression are guaranteed.

No censorship shall be maintained, nor shall the secrecy of any means of communication be violated.

Article 22. Every person shall have freedom to choose and change his residence and to choose his occupation to the extent that it does not interfere with the public welfare.

Freedom of all persons to move to a foreign country and to divest themselves of their nationality shall be inviolate.

Article 23. Academic freedom is guaranteed.

　　　　　択の自由を有する。
　　　　　２）何人も、外国に移住し、又は国籍を離脱する自由を侵されない。
第23条　学問の自由は、これを保障する。
第24条　１）婚姻は、両性の合意のみに基いて成立し、夫婦が同等の権利を有することを基本として、相互の協力により、維持されなければならない。
　　　　　２）配偶者の選択、財産権、相続、住居の選定、離婚並びに婚姻及び家族に関するその他の事項に関しては、法律は、個人の尊厳と両性の本質的平等に立脚して、制定されなければならない。
第25条　１）すべて国民は、健康で文化的な最低限度の生活を営む権利を有する。
　　　　　２）国は、すべての生活部面について、社会福祉、社会保障及び公衆衛生の向上及び増進に努めなければならない。
第26条　１）すべて国民は、法律の定めるところにより、その能力に応じて、ひとしく教育を受ける権利を有する。
　　　　　２）すべて国民は、法律の定めるところにより、その保護する子女に普通教育を受けさせる義務を負ふ。義務教育は、これを無償とする。
第27条　１）すべて国民は、勤労の権利を有し、義務を負ふ。
　　　　　２）賃金、就業時間、休息その他の勤労条件に関する基準は、法律でこれを定める。
　　　　　３）児童は、これを酷使してはならない。
第28条　勤労者の団結する権利及び団体交渉その他の団体行動をする権利は、これを保障する。
第29条　１）財産権は、これを侵してはならない。
　　　　　２）財産権の内容は、公共の福祉に適合するやうに、法律でこれを定める。
　　　　　３）私有財産は、正当な補償の下に、これを公共のために用ひることができる。
第30条　国民は、法律の定めるところにより、納税の義務を負ふ。

Article 24. Marriage shall be based only on the mutual consent of both sexes and it shall be maintained through mutual cooperation with the equal rights of husband and wife as a basis.

With regard to choice of spouse, property rights, inheritance, choice of domicile, divorce and other matters pertaining to marriage and the family, laws shall be enacted from the standpoint of individual dignity and the essential equality of the sexes.

Article 25. All people shall have the right to maintain the minimum standards of wholesome and cultured living.

In all spheres of life, the State shall use its endeavors for the promotion and extension of social welfare and security, and of public health.

Article 26. All people shall have the right to receive an equal education correspondent to their ability, as provided for by law.

All people shall be obligated to have all boys and girls under their protection receive ordinary education as provided for by law. Such compulsory education shall be free.

Article 27. All people shall have the right and the obligation to work.

Standards for wages, hours, rest and other working conditions shall be fixed by law.

Children shall not be exploited.

Article 28. The right of workers to organize and to bargain and act collectively is guaranteed.

Article 29. The right to own or to hold property is inviolable.

Property rights shall be defined by law, in conformity with the public welfare.

Private property may be taken for public use upon just compensation therefor.

Article 30. The people shall be liable to taxation as provided by law.

Article 31. No person shall be deprived of life or liberty, nor shall any other criminal penalty be imposed, except according to procedure established by law.

Article 32. No person shall be denied the right of access to the courts.

Article 33. No person shall be apprehended except upon warrant issued by a competent judicial officer which specifies the offense with which the person is charged, unless he is apprehended, the offense being committed.

Article 34. No person shall be arrested or detained without being at once informed of the charges against him or without the immediate

第31条　何人も、法律の定める手続によらなければ、その生命若しくは自由を奪はれ、又はその他の刑罰を科せられない。

第32条　何人も、裁判所において裁判を受ける権利を奪はれない。

第33条　何人も、現行犯として逮捕される場合を除いては、権限を有する司法官憲が発し、且つ理由となつてゐる犯罪を明示する令状によらなければ、逮捕されない。

第34条　何人も、理由を直ちに告げられ、且つ、直ちに弁護人に依頼する権利を与へられなければ、抑留又は拘禁されない。又、何人も、正当な理由がなければ、拘禁されず、要求があれば、その理由は、直ちに本人及びその弁護人の出席する公開の法廷で示されなければならない。

第35条　1）何人も、その住居、書類及び所持品について、侵入、捜索及び押収を受けることのない権利は、第33条の場合を除いては、正当な理由に基いて発せられ、且つ捜索する場所及び押収する物を明示する令状がなければ、侵されない。

2）捜索又は押収は、権限を有する司法官憲が発する各別の令状により、これを行ふ。

第36条　公務員による拷問及び残虐な刑罰は、絶対にこれを禁ずる。

第37条　1）すべて刑事事件においては、被告人は、公平な裁判所の迅速な公開裁判を受ける権利を有する。

2）刑事被告人は、すべての証人に対して審問する機会を充分に与へられ、又、公費で自己のために強制的手続により証人を求める権利を有する。

3）刑事被告人は、いかなる場合にも、資格を有する弁護人を依頼することができる。被告人が自らこれを依頼することができないときは、国でこれを附する。

第38条　1）何人も、自己に不利益な供述を強要されない。

2）強制、拷問若しくは脅迫による自白又は不当に長く抑留若しくは拘禁された後の自白は、これを証拠とすることができない。

3）何人も、自己に不利益な唯一の証拠が本人の自白である場合

privilege of counsel; nor shall he be detained without adequate cause; and upon demand of any person such cause must be immediately shown in open court in his presence and the presence of his counsel.

Article 35. The right of all persons to be secure in their homes, papers and effects against entries, searches and seizures shall not be impaired except upon warrant issued for adequate cause and particularly describing the place to be searched and things to be seized, or except as provided by Article 33.

Each search or seizure shall be made upon separate warrant issued by a competent judicial officer.

Article 36. The infliction of torture by any public officer and cruel punishments are absolutely forbidden.

Article 37. In all criminal cases the accused shall enjoy the right to a speedy and public trial by an impartial tribunal.

He shall be permitted full opportunity to examine all witnesses, and he shall have the right of compulsory process for obtaining witnesses on his behalf at public expense.

At all times the accused shall have the assistance of competent counsel who shall, if the accused is unable to secure the same by his own efforts, be assigned to his use by the State.

Article 38. No person shall be compelled to testify against himself.

Confession made under compulsion, torture or threat, or after prolonged arrest or detention shall not be admitted in evidence.

No person shall be convicted or punished in cases where the only proof against him is his own confession.

Article 39. No person shall be held criminally liable for an act which was lawful at the time it was committed, or of which he has been acquitted, nor shall he be placed in double jeopardy.

Article 40. Any person, in case he is acquitted after he has been arrested or detained, may sue the State for redress as provided by law.

CHAPTER IV. THE DIET

Article 41. The Diet shall be the highest organ of state power, and shall be the sole law-making organ of the State.

Article 42. The Diet shall consist of two Houses, namely the House of Representatives and the House of Councillors.

Article 43. Both Houses shall consist of elected members, representative

には、有罪とされ、又は刑罰を科せられない。

第39条　何人も、実行の時に適法であつた行為又は既に無罪とされた行為については、刑事上の責任を問はれない。又、同一の犯罪について、重ねて刑事上の責任を問はれない。

第40条　何人も、抑留又は拘禁された後、無罪の裁判を受けたときは、法律の定めるところにより、国にその補償を求めることができる。

第4章　国会

第41条　国会は、国権の最高機関であつて、国の唯一の立法機関である。

第42条　国会は、衆議院及び参議院の両議院でこれを構成する。

第43条　1）両議院は、全国民を代表する選挙された議員でこれを組織する。
2）両議院の議員の定数は、法律でこれを定める。

第44条　両議院の議員及びその選挙人の資格は、法律でこれを定める。但し、人種、信条、性別、社会的身分、門地、教育、財産又は収入によつて差別してはならない。

第45条　衆議院議員の任期は、4年とする。但し、衆議院解散の場合には、その期間満了前に終了する。

第46条　参議院議員の任期は、6年とし、3年ごとに議員の半数を改選する。

第47条　選挙区、投票の方法その他両議院の議員の選挙に関する事項は、法律でこれを定める。

第48条　何人も、同時に両議院の議員たることはできない。

第49条　両議院の議員は、法律の定めるところにより、国庫から相当額の歳費を受ける。

第50条　両議院の議員は、法律の定める場合を除いては、国会の会期中逮捕されず、会期前に逮捕された議員は、その議院の要求があれば、会期中これを釈放しなければならない。

第51条　両議院の議員は、議院で行つた演説、討論又は表決について、院外で責任を問はれない。

of all the people.

The number of the members of each House shall be fixed by law.

Article 44. The qualifications of members of both Houses and their electors shall be fixed by law. However, there shall be no discrimination because of race, creed, sex, social status, family origin, education, property or income.

Article 45. The term of office of members of the House of Representatives shall be four years. However, the term shall be terminated before the full term is up in case the House of Representatives is dissolved.

Article 46. The term of office of members of the House of Councillors shall be six years, and election for half the members shall take place every three years.

Article 47. Electoral districts, method of voting and other matters pertaining to the method of election of members of both Houses shall be fixed by law.

Article 48. No person shall be permitted to be a member of both Houses simultaneously.

Article 49. Members of both Houses shall receive appropriate annual payment from the national treasury in accordance with law.

Article 50. Except in cases provided by law, members of both Houses shall be exempt from apprehension while the Diet is in session, and any members apprehended before the opening of the session shall be freed during the term of the session upon demand of the House.

Article 51. Members of both Houses shall not be held liable outside the House for speeches, debates or votes cast inside the House.

Article 52. An ordinary session of the Diet shall be convoked once per year.

Article 53. The Cabinet may determine to convoke extraordinary sessions of the Diet. When a quarter or more of the total members of either House makes the demand, the Cabinet must determine on such convocation.

Article 54. When the House of Representatives is dissolved, there must be a general election of members of the House of Representatives within forty (40) days from the date of dissolution, and the Diet must be convoked within thirty (30) days from the date of the election.

When the House of Representatives is dissolved, the House of

第52条　国会の常会は、毎年1回これを召集する。

第53条　内閣は、国会の臨時会の召集を決定することができる。いづれかの議院の総議員の4分の1以上の要求があれば、内閣は、その召集を決定しなければならない。

第54条　1）衆議院が解散されたときは、解散の日から40日以内に、衆議院議員の総選挙を行ひ、その選挙の日から30日以内に、国会を召集しなければならない。

2）衆議院が解散されたときは、参議院は、同時に閉会となる。但し、内閣は、国に緊急の必要があるときは、参議院の緊急集会を求めることができる。

3）前項但書の緊急集会において採られた措置は、臨時のものであつて、次の国会開会の後10日以内に、衆議院の同意がない場合には、その効力を失ふ。

第55条　両議院は、各々その議員の資格に関する争訟を裁判する。但し、議員の議席を失はせるには、出席議員の3分の2以上の多数による議決を必要とする。

第56条　両議院は、各々その総議員の3分の1以上の出席がなければ、議事を開き議決することができない。

2）両議院の議事は、この憲法に特別の定のある場合を除いては、出席議員の過半数でこれを決し、可否同数のときは、議長の決するところによる。

第57条　1）両議院の会議は、公開とする。但し、出席議員の3分の2以上の多数で議決したときは、秘密会を開くことができる。

2）両議院は、各々その会議の記録を保存し、秘密会の記録の中で特に秘密を要すると認められるもの以外は、これを公表し、且つ一般に頒布しなければならない。

3）出席議員の5分の1以上の要求があれば、各議員の表決は、これを会議録に記載しなければならない。

第58条　1）両議院は、各々その議長その他の役員を選任する。

2）両議院は、各々その会議その他の手続及び内部の規律に関す

Councillors is closed at the same time. However, the Cabinet may in time of national emergency convoke the House of Councillors in emergency session.

Measures taken at such session as mentioned in the proviso of the preceding paragraph shall be provisional and shall become null and void unless agreed to by the House of Representatives within a period of ten (10) days after the opening of the next session of the Diet.

Article 55. Each House shall judge disputes related to qualifications of its members. However, in order to deny a seat to any member, it is necessary to pass a resolution by a majority of two-thirds or more of the members present.

Article 56. Business cannot be transacted in either House unless one-third or more of total membership is present.

All matters shall be decided, in each House, by a majority of those present, except as elsewhere provided in the Constitution, and in case of a tie, the presiding officer shall decide the issue.

Article 57. Deliberation in each House shall be public. However, a secret meeting may be held where a majority of two-thirds or more of those members present passes a resolution therefor.

Each House shall keep a record of proceedings. This record shall be published and given general circulation, excepting such parts of proceedings of secret session as may be deemed to require secrecy.

Upon demand of one-fifth or more of the members present, votes of the members on any matter shall be recorded in the minutes.

Article 58. Each House shall select its own president and other officials.

Each House shall establish its rules pertaining to meetings, proceedings and internal discipline, and may punish members for disorderly conduct. However, in order to expel a member, a majority of two-thirds or more of those members present must pass a resolution thereon.

Article 59. A bill becomes a law on passage by both Houses, except as otherwise provided by the Constitution.

A bill, which is passed by the House of Representatives, and upon which the House of Councillors makes a decision different from that of the House of Representatives, becomes a law when passed a second time by the House of Representatives

る規則を定め、又は院内の秩序をみだした議員を懲罰することができる。但し、議員を除名するには、出席議員の3分の2以上の多数による議決を必要とする。

第59条 1）法律案は、この憲法に特別の定のある場合を除いては、両議院で可決したとき法律となる。

2）衆議院で可決し、参議院でこれと異なつた議決をした法律案は、衆議院で出席議員の3分の2以上の多数で再び可決したときは、法律となる。

3）前項の規定は、法律の定めるところにより、衆議院が、両議院の協議会を開くことを求めることを妨げない。

4）参議院が、衆議院の可決した法律案を受け取つた後、国会休会中の期間を除いて60日以内に、議決しないときは、衆議院は、参議院がその法律案を否決したものとみなすことができる。

第60条 1）予算は、さきに衆議院に提出しなければならない。

2）予算について、参議院で衆議院と異なつた議決をした場合に、法律の定めるところにより、両議院の協議会を開いても意見が一致しないとき、又は参議院が、衆議院の可決した予算を受け取つた後、国会休会中の期間を除いて30日以内に、議決しないときは、衆議院の議決を国会の議決とする。

第61条 条約の締結に必要な国会の承認については、前条第2項の規定を準用する。

第62条 両議院は、各々国政に関する調査を行ひ、これに関して、証人の出頭及び証言並びに記録の提出を要求することができる。

第63条 内閣総理大臣その他の国務大臣は、両議院の一に議席を有すると有しないとにかかはらず、何時でも議案について発言するため議院に出席することができる。又、答弁又は説明のため出席を求められたときは、出席しなければならない。

第64条 1）国会は、罷免の訴追を受けた裁判官を裁判するため、両議院の議員で組織する弾劾裁判所を設ける。

2）弾劾に関する事項は、法律でこれを定める。

by a majority of two-thirds or more of the members present.
The provision of the preceding paragraph does not preclude the House of Representatives from calling for the meeting of a joint committee of both Houses, provided for by law. Failure by the House of Councillors to take final action within sixty (60) days after receipt of a bill passed by the House of Representatives, time in recess excepted, may be determined by the House of Representatives to constitute a rejection of the said bill by the House of Councillors.

Article 60. The budget must first be submitted to the House of Representatives. Upon consideration of the budget, when the House of Councillors makes a decision different from that of the House of Representatives, and when no agreement can be reached even through a joint commitee of both Houses, provided for by law, or in the case of failure by the House of Councillors to take final action within thirty (30) days, the period of recess excluded, after the receipt of the budget passed by the House of Representatives, the decision of the House of Representatives shall be the decision of the Diet.

Article 61. The second paragraph of the preceding article applies also to the Diet approval required for the conclusion of treaties.

Article 62. Each House may conduct investigations in relation to government, and may demand the presence and testimony of witnesses, and the production of records.

Article 63. The Prime Minister and other Ministers of State may, at any time, appear in either House for the purpose of speaking on bills, regardless of whether they are members of the House or not. They must appear when their presence is required in order to give answers or explanations.

Article 64. The Diet shall set up an impeachment court from among the members of both Houses for the purpose of trying those judges against whom removal proceedings have been instituted.
Matters relating to impeachment shall be provided by law.

CHAPTER V. THE CABINET

Article 65. Executive power shall be vested in the Cabinet.

Article 66. The Cabinet shall consist of the Prime Minister, who shall be its head, and other Ministers of State, as provided for by law.

第5章　内閣

第65条　行政権は、内閣に属する。

第66条　1）内閣は、法律の定めるところにより、その首長たる内閣総理大臣及びその他の国務大臣でこれを組織する。
2）内閣総理大臣その他の国務大臣は、文民でなければならない。
3）内閣は、行政権の行使について、国会に対し連帯して責任を負ふ。

第67条　1）内閣総理大臣は、国会議員の中から国会の議決で、これを指名する。この指名は、他のすべての案件に先だつて、これを行ふ。
2）衆議院と参議院とが異なつた指名の議決をした場合に、法律の定めるところにより、両議院の協議会を開いても意見が一致しないとき、又は衆議院が指名の議決をした後、国会休会中の期間を除いて10日以内に、参議院が、指名の議決をしないときは、衆議院の議決を国会の議決とする。

第68条　1）内閣総理大臣は、国務大臣を任命する。但し、その過半数は、国会議員の中から選ばれなければならない。
2）内閣総理大臣は、任意に国務大臣を罷免することができる。

第69条　内閣は、衆議院で不信任の決議案を可決し、又は信任の決議案を否決したときは、10日以内に衆議院が解散されない限り、総辞職をしなければならない。

第70条　内閣総理大臣が欠けたとき、又は衆議院議員総選挙の後に初めて国会の召集があつたときは、内閣は、総辞職をしなければならない。

第71条　前2条の場合には、内閣は、あらたに内閣総理大臣が任命されるまで引き続きその職務を行ふ。

第72条　内閣総理大臣は、内閣を代表して議案を国会に提出し、一般国務及び外交関係について国会に報告し、並びに行政各部を指揮監督する。

The Prime Minister and other Ministers of State must be civilians.

The Cabinet, in the exercise of executive power, shall be collectively responsible to the Diet.

Article 67. The Prime Minister shall be designated from among the members of the Diet by a resolution of the Diet. This designation shall precede all other business.

If the House of Representatives and the House of Councillors disagree and if no agreement can be reached even through a joint committee of both Houses, provided for by law, or the House of Councillors fails to make designation within ten (10) days, exclusive of the period of recess, after the House of Representatives has made designation, the decision of the House of Representatives shall be the decision of the Diet.

Article 68. The Prime Minister shall appoint the Ministers of State. However, a majority of their number must be chosen from among the members of the Diet.

The Prime Minister may remove the Ministers of State as he chooses.

Article 69. If the House of Representatives passes a non-confidence resolution, or rejects a confidence resolution, the Cabinet shall resign en masse, unless the House of Representatives is dissolved within ten (10) days.

Article 70. When there is a vacancy in the post of Prime Minister, or upon the first convocation of the Diet after a general election of members of the House of Representatives, the Cabinet shall resign en masse.

Article 71. In the cases mentioned in the two preceding articles, the Cabinet shall continue its functions until the time when a new Prime Minister is appointed.

Article 72. The Prime Minister, representing the Cabinet, submits bills, reports on general national affairs and foreign relations to the Diet and exercises control and supervision over various administrative branches.

Article 73. The Cabinet, in addition to other general administrative functions, shall perform the following functions:

Administer the law faithfully; conduct affairs of state.

Manage foreign affairs.

Conclude treaties. However, it shall obtain prior or, depending on circumstances, subsequent approval of the Diet.

第73条　内閣は、他の一般行政事務の外、左の事務を行ふ。
　　　　1　法律を誠実に執行し、国務を総理すること。
　　　　2　外交関係を処理すること。
　　　　3　条約を締結すること。但し、事前に、時宜によつては事後に、国会の承認を経ることを必要とする。
　　　　4　法律の定める基準に従ひ、官吏に関する事務を掌理すること。
　　　　5　予算を作成して国会に提出すること。
　　　　6　この憲法及び法律の規定を実施するために、政令を制定すること。但し、政令には、特にその法律の委任がある場合を除いては、罰則を設けることができない。
　　　　7　大赦、特赦、減刑、刑の執行の免除及び復権を決定すること。

第74条　法律及び政令には、すべて主任の国務大臣が署名し、内閣総理大臣が連署することを必要とする。

第75条　国務大臣は、その在任中、内閣総理大臣の同意がなければ、訴追されない。但し、これがため、訴追の権利は、害されない。

第6章　司法

第76条　1）すべて司法権は、最高裁判所及び法律の定めるところにより設置する下級裁判所に属する。
　　　　2）特別裁判所は、これを設置することができない。行政機関は、終審として裁判を行ふことができない。
　　　　3）すべて裁判官は、その良心に従ひ独立してその職権を行ひ、この憲法及び法律にのみ拘束される。

第77条　1）最高裁判所は、訴訟に関する手続、弁護士、裁判所の内部規律及び司法事務処理に関する事項について、規則を定める権限を有する。
　　　　2）検察官は、最高裁判所の定める規則に従はなければならない。
　　　　3）最高裁判所は、下級裁判所に関する規則を定める権限を、下級裁判所に委任することができる。

Administer the civil service, in accordance with standards established by law.

          Prepare the budget, and present it to the Diet.

          Enact cabinet orders in order to execute the provisions of this Constitution and of the law. However, it cannot include penal provisions in such cabinet orders unless authorized by such law.

          Decide on general amnesty, special amnesty, commutation of punishment, reprieve, and restoration of rights.

Article 74. All laws and cabinet orders shall be signed by the competent Minister of State and countersigned by the Prime Minister.

Article 75. The Ministers of State, during their tenure of office, shall not be subject to legal action without the consent of the Prime Minister. However, the right to take that action is not impaired hereby.

CHAPTER VI. JUDICIARY

Article 76. The whole judicial power is vested in a Supreme Court and in such inferior courts as are established by law.

          No extraordinary tribunal shall be established, nor shall any organ or agency of the Executive be given final judicial power.

          All judges shall be independent in the exercise of their conscience and shall be bound only by this Constitution and the laws.

Article 77. The Supreme Court is vested with the rule-making power under which it determines the rules of procedure and of practice, and of matters relating to attorneys, the internal discipline of the courts and the administration of judicial affairs.

          Public procurators shall be subject to the rule-making power of the Supreme Court.

          The Supreme Court may delegate the power to make rules for inferior courts to such courts.

Article 78. Judges shall not be removed except by public impeachment unless judicially declared mentally or physically incompetent to perform official duties. No disciplinary action against judges shall be administered by any executive organ or agency.

Article 79. The Supreme Court shall consist of a Chief Judge and such

第78条 裁判官は、裁判により、心身の故障のために職務を執ることができないと決定された場合を除いては、公の弾劾によらなければ罷免されない。裁判官の懲戒処分は、行政機関がこれを行ふことはできない。

第79条 1）最高裁判所は、その長たる裁判官及び法律の定める員数のその他の裁判官でこれを構成し、その長たる裁判官以外の裁判官は、内閣でこれを任命する。

2）最高裁判所の裁判官の任命は、その任命後初めて行はれる衆議院議員総選挙の際国民の審査に付し、その後10年を経過した後初めて行はれる衆議院議員総選挙の際更に審査に付し、その後も同様とする。

3）前項の場合において、投票者の多数が裁判官の罷免を可とするときは、その裁判官は、罷免される。

4）審査に関する事項は、法律でこれを定める。

5）最高裁判所の裁判官は、法律の定める年齢に達した時に退官する。

6）最高裁判所の裁判官は、すべて定期に相当額の報酬を受ける。この報酬は、在任中、これを減額することができない。

第80条 1）下級裁判所の裁判官は、最高裁判所の指名した者の名簿によつて、内閣でこれを任命する。その裁判官は、任期を10年とし、再任されることができる。但し、法律の定める年齢に達した時には退官する。

2）下級裁判所の裁判官は、すべて定期に相当額の報酬を受ける。この報酬は、在任中、これを減額することができない。

第81条 最高裁判所は、一切の法律、命令、規則又は処分が憲法に適合するかしないかを決定する権限を有する終審裁判所である。

第82条 1）裁判の対審及び判決は、公開法廷でこれを行ふ。

2）裁判所が、裁判官の全員一致で、公の秩序又は善良の風俗を害する虞があると決した場合には、対審は、公開しないでこれを行ふことができる。但し、政治犯罪、出版に関する犯罪又はこの

number of judges as may be determined by law; all such judges excepting the Chief Judge shall be appointed by the Cabinet.

The appointment of the judges of the Supreme Court shall be reviewed by the people at the first general election of members of the House of Representatives following their appointment, and shall be reviewed again at the first general election of members of the House of Representatives after a lapse of ten (10) years, and in the same manner thereafter.

In cases mentioned in the foregoing paragraph, when the majority of the voters favors the dismissal of a judge, he shall be dismissed.

Matters pertaining to review shall be prescribed by law.

The judges of the Supreme Court shall be retired upon the attainment of the age as fixed by law.

All such judges shall receive, at regular stated intervals, adequate compensation which shall not be decreased during their terms of office.

Article 80. The judges of the inferior courts shall be appointed by the Cabinet from a list of persons nominated by the Supreme Court. All such judges shall hold office for a term of ten (10) years with privilege of reappointment, provided that they shall be retired upon the attainment of the age as fixed by law. The judges of the inferior courts shall receive, at regular stated intervals, adequate compensation which shall not be decreased during their terms of office.

Article 81. The Supreme Court is the court of last resort with power to determine the constitutionality of any law, order, regulation or official act.

Article 82. Trials shall be conducted and judgment declared publicly.

Where a court unanimously determines publicity to be dangerous to public order or morals, a trial may be conducted privately, but trials of political offenses, offenses involving the press or cases wherein the rights of people as guaranteed in Chapter III of this Constitution are in question shall always be conducted publicly.

憲法第3章で保障する国民の権利が問題となつてゐる事件の対審は、常にこれを公開しなければならない。

第7章　財政

第83条　国の財政を処理する権限は、国会の議決に基いて、これを行使しなければならない。

第84条　あらたに租税を課し、又は現行の租税を変更するには、法律又は法律の定める条件によることを必要とする。

第85条　国費を支出し、又は国が債務を負担するには、国会の議決に基くことを必要とする。

第86条　内閣は、毎会計年度の予算を作成し、国会に提出して、その審議を受け議決を経なければならない。

第87条　１）予見し難い予算の不足に充てるため、国会の議決に基いて予備費を設け、内閣の責任でこれを支出することができる。
２）すべて予備費の支出については、内閣は、事後に国会の承諾を得なければならない。

第88条　すべて皇室財産は、国に属する。すべて皇室の費用は、予算に計上して国会の議決を経なければならない。

第89条　公金その他の公の財産は、宗教上の組織若しくは団体の使用、便益若しくは維持のため、又は公の支配に属しない慈善、教育若しくは博愛の事業に対し、これを支出し、又はその利用に供してはならない。

第90条　１）国の収入支出の決算は、すべて毎年会計検査院がこれを検査し、内閣は、次の年度に、その検査報告とともに、これを国会に提出しなければならない。
２）会計検査院の組織及び権限は、法律でこれを定める。

第91条　内閣は、国会及び国民に対し、定期に、少くとも毎年一回、国の財政状況について報告しなければならない。

CHAPTER VII. FINANCE

Article 83. The power to administer national finances shall be exercised as the Diet shall determine.

Article 84. No new taxes shall be imposed or existing ones modified except by law or under such conditions as law may prescribe.

Article 85. No money shall be expended, nor shall the State obligate itself, except as authorized by the Diet.

Article 86. The Cabinet shall prepare and submit to the Diet for its consideration and decision a budget for each fiscal year.

Article 87. In order to provide for unforeseen deficiencies in the budget, a reserve fund may be authorized by the Diet to be expended upon the responsibility of the Cabinet.

The Cabinet must get subsequent approval of the Diet for all payments from the reserve fund.

Article 88. All property of the Imperial Household shall belong to the State. All expenses of the Imperial Household shall be appropriated by the Diet in the budget.

Article 89. No public money or other property shall be expended or appropriated for the use, benefit or maintenance of any religious institution or association, or for any charitable, educational or benevolent enterprises not under the control of public authority.

Article 90. Final accounts of the expenditures and revenues of the State shall be audited annually by a Board of Audit and submitted by the Cabinet to the Diet, together with the statement of audit, during the fiscal year immediately following the period covered.

The organization and competency of the Board of Audit shall be determined by law.

Article 91. At regular intervals and at least annually the Cabinet shall report to the Diet and the people on the state of national finances.

CHAPTER VIII. LOCAL SELF-GOVERNMENT

Article 92. Regulations concerning organization and operations of local public entities shall be fixed by law in accordance with the principle of local autonomy.

Article 93. The local public entities shall establish assemblies as their

第8章　地方自治

第92条　地方公共団体の組織及び運営に関する事項は、地方自治の本旨に基いて、法律でこれを定める。

第93条　１）地方公共団体には、法律の定めるところにより、その議事機関として議会を設置する。
２）地方公共団体の長、その議会の議員及び法律の定めるその他の吏員は、その地方公共団体の住民が、直接これを選挙する。

第94条　地方公共団体は、その財産を管理し、事務を処理し、及び行政を執行する権能を有し、法律の範囲内で条例を制定することができる。

第95条　一の地方公共団体のみに適用される特別法は、法律の定めるところにより、その地方公共団体の住民の投票においてその過半数の同意を得なければ、国会は、これを制定することができない。

第9章　改正

第96条　１）この憲法の改正は、各議院の総議員の３分の２以上の賛成で、国会が、これを発議し、国民に提案してその承認を経なければならない。この承認には、特別の国民投票又は国会の定める選挙の際行はれる投票において、その過半数の賛成を必要とする。
２）憲法改正について前項の承認を経たときは、天皇は、国民の名で、この憲法と一体を成すものとして、直ちにこれを公布する。

第10章　最高法規

第97条　この憲法が日本国民に保障する基本的人権は、人類の多年にわたる自由獲得の努力の成果であつて、これらの権利は、過去幾多の試練に堪へ、現在及び将来の国民に対し、侵すことのできない永久の権利として信託されたものである。

deliberative organs, in accordance with law.

The chief executive officers of all local public entities, the members of their assemblies, and such other local officials as may be determined by law shall be elected by direct popular vote within their several communities.

Article 94. Local public entities shall have the right to manage their property, affairs and administration and to enact their own regulations within law.

Article 95. A special law, applicable only to one local public entity, cannot be enacted by the Diet without the consent of the majority of the voters of the local public entity concerned, obtained in accordance with law.

CHAPTER IX. AMENDMENTS

Article 96. Amendments to this Constitution shall be initiated by the Diet, through a concurring vote of two-thirds or more of all the members of each House and shall thereupon be submitted to the people for ratification, which shall require the affirmative vote of a majority of all votes cast thereon, at a special referendum or at such election as the Diet shall specify.

Amendments when so ratified shall immediately be promulgated by the Emperor in the name of the people, as an integral part of this Constitution.

CHAPTER X. SUPREME LAW

Article 97. The fundamental human rights by this Constitution guaranteed to the people of Japan are fruits of the age-old struggle of man to be free; they have survived the many exacting tests for durability and are conferred upon this and future generations in trust, to be held for all time inviolate.

Article 98. This Constitution shall be the supreme law of the nation and no law, ordinance, imperial rescript or other act of government, or part thereof, contrary to the provisions hereof, shall have legal force or validity.

The treaties concluded by Japan and established laws of nations shall be faithfully observed.

Article 99. The Emperor or the Regent as well as Ministers of State, members of the Diet, judges, and all other public officials

第98条　1）この憲法は、国の最高法規であつて、その条規に反する法律、命令、詔勅及び国務に関するその他の行為の全部又は一部は、その効力を有しない。
　　　　2）日本国が締結した条約及び確立された国際法規は、これを誠実に遵守することを必要とする。
第99条　天皇又は摂政及び国務大臣、国会議員、裁判官その他の公務員は、この憲法を尊重し擁護する義務を負ふ。

第11章　補則

第100条　1）この憲法は、公布の日から起算して6箇月を経過した日から、これを施行する。
　　　　2）この憲法を施行するために必要な法律の制定、参議院議員の選挙及び国会召集の手続並びにこの憲法を施行するために必要な準備手続は、前項の期日よりも前に、これを行ふことができる。
第101条　この憲法施行の際、参議院がまだ成立してゐないときは、その成立するまでの間、衆議院は、国会としての権限を行ふ。
第102条　この憲法による第1期の参議院議員のうち、その半数の者の任期は、これを3年とする。その議員は、法律の定めるところにより、これを定める。
第103条　この憲法施行の際現に在職する国務大臣、衆議院議員及び裁判官並びにその他の公務員で、その地位に相応する地位がこの憲法で認められてゐる者は、法律で特別の定をした場合を除いては、この憲法施行のため、当然にはその地位を失ふことはない。但し、この憲法によつて、後任者が選挙又は任命されたときは、当然その地位を失ふ。

have the obligation to respect and uphold this Constitution.

CHAPTER XI. SUPPLEMENTARY PROVISIONS

Article 100. This Constitution shall be enforced as from the day when the period of six months will have elapsed counting from the day of its promulgation.

The enactment of laws necessary for the enforcement of this Constitution, the election of members of the House of Councillors and the procedure for the convocation of the Diet and other preparatory procedures necessary for the enforcement of this Constitution may be executed before the day prescribed in the preceding paragraph.

Article 101. If the House of Councillors is not constituted before the effective date of this Constitution, the House of Representatives shall function as the Diet until such time as the House of Councillors shall be constituted.

Article 102. The term of office for half the members of the House of Councillors serving in the first term under this Constitution shall be three years. Members falling under this category shall be determined in accordance with law.

Article 103. The Ministers of State, members of the House of Representatives and judges in office on the effective date of this Constitution, and all other public officials who occupy positions corresponding to such positions as are recognized by this Constitution shall not forfeit their positions automatically on account of the enforcement of this Constitution unless otherwise specified by law. When, however, successors are elected or appointed under the provisions of this Constitution, they shall forfeit their positions as a matter of course.

池田香代子　いけだ・かよこ
1948年東京生まれ。ドイツ文学翻訳家・口承文芸研究家。1998年、『猫たちの森』(早川書房)で第1回日独翻訳賞を受賞。著作に『世界がもし100人の村だったら』(マガジンハウス)シリーズ、『魔女が語るグリム童話』(宝島社)など、翻訳にゴルデル『ソフィーの世界』(NHK出版)、ケストナー『飛ぶ教室』『エーミールと探偵たち』(岩波書店)、フランクル『夜と霧』(みすず書房)などがある。

C. ダグラス・ラミス　Douglas Lummis
1936年サンフランシスコ生まれ。カリフォルニア大学バークレー本校卒業。政治学者。1980〜2000年まで津田塾大学教授。現在は沖縄を拠点とし、沖縄キリスト教学院大学で客員教授をつとめている。著書に『世界がもし100人の村だったら』(マガジンハウス)、『ラディカル・デモクラシー可能性の政治学』(岩波書店)、『要石：沖縄と憲法9条』(晶文社)、『戦争するってどんなこと?』『憲法は、政府に対する命令である。』(平凡社)などがある。

やさしいことばで 日本国憲法

2002年12月19日	第1刷発行
2017年 3月 6日	新装版第1刷発行
2022年12月19日	新装版第2刷発行

訳者	池田香代子
監修・解説	C. ダグラス・ラミス
発行者	鉄尾周一
発行所	マガジンハウス
	〒104-8003　東京都中央区銀座3-13-10
	編集部　TEL 03-3545-7030
	受注センター　TEL 049-275-1811
アートディレクション	藤本やすし+Cap
デザイン	渡辺光子
イラスト	山内マスミ
印刷・製本所	三松堂印刷

©2017 K.Ikeda, C. D. Lummis　Printed in Japan
ISBN978-4-8387-2921-0 C0095
乱丁本・落丁本は購入書店明記のうえ、小社製作管理部宛にお送りください。送料小社負担にてお取り替えいたします。ただし、古書店等で購入されたものについてはお取り替えできません。定価はカバーと帯に表示してあります。本書の無断複製(コピー、スキャン、デジタル化等)は禁じられています(ただし、著作権法上での例外は除く)。断りなくスキャンやデジタル化することは著作権法違反に問われる可能性があります。
マガジンハウスのホームページ　https://magazineworld.jp/

世界がもし100人の村だったら
池田香代子 再話／C.ダグラス・ラミス 対訳
838円＋税

韓国、台湾でも翻訳された「世界の教科書」！

インターネットから生まれた民話を、
口承文芸研究家・池田香代子の文と
鮮烈なクレヨン画により絵本化。
9.11後の"わたし・たち"を考える！

世界がもし100人の村だったら お金篇
たった1人の大金持ちと
50人の貧しい村人たち
池田香代子／C.ダグラス・ラミス 対訳
1000円＋税

「お金」でわかる世界の仕組み＆実態

イギリスのEU離脱、深刻化する難民問題、
波紋を広げるタックスヘイブン問題、
トランプ大統領の就任……
グローバル化が加速するこの世界で
いったい何が起きているのか。

人口73億人、世界のGDP総計73兆ドルの今を
「お金」を通して俯瞰した「100村」シリーズ最新刊。